# Mahnmal des Chaos

Kreise das Bild mit einem Rotstift ein und hänge es
als abschreckendes Beispiel an den Kühlschrank.
So soll es bei dir nie aussehen! Nie!

# Wichtige Telefonnummern auf einen Blick

| Name | Nummer | Wichtig, weil … |
|------|--------|-----------------|
|  |  |  |
|  |  |  |
|  |  |  |
|  |  |  |
|  |  |  |
|  |  |  |
|  |  |  |
|  |  |  |
|  |  |  |
|  |  |  |
|  |  |  |
|  |  |  |
|  |  |  |
|  |  |  |
|  |  |  |

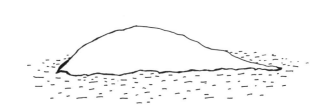

# Gestalte Deine Trauminsel

Warmer Sandstrand, Sonne, Palmen -
schaffe dir deine ganz eigene Ruheoase.

# NIEDER MIT DEM MESSIETUM

## 5 GOLDENE REGELN:

**1** Chaos überall und du weißt einfach nicht, wo du anfangen sollst? Räume in Etappen auf und stecke dir Ziele, was du an einem Tag erreichen möchtest. Wichtig dabei: Beginne dort, wo du das Ergebnis deines Räumens sofort sehen kannst. Also lieber erst den Geschirrberg wegspülen und dann die Vorratskammer aufräumen.

**2** Versuche dein persönliches Chaos vom Fußboden möglichst fernzuhalten. Es gilt: ein aufgeräumter Fußboden = ein freier Kopf. Außerdem lenkt er vom Chaos in den Regalen ab.

**3** Wichtig: regelmäßig Schränke ausmisten! Wirkt befreiend und der alte Plunder kann dann nur noch in der Mülltonne sein unheilvolles Wesen treiben.

**4** Feste Aufräumzeiten und -tage einführen und diese im Kalender festhalten: Gib dem Messie-Gen in dir keine Chance zur Entfaltung!

**5** Bitte einen Freund um Hilfe. Außenstehende haben oft den besseren Überblick und sind mit deinem Schweinehund nicht so kumpelhaft vertraut wie du.

# CHECKLISTE

| Aufgabe | Ja | Nein | bis wann |
|---|---|---|---|
| **1** Geschirr weggeräumt | | | |
| **2** Schuhe aus dem Eingangsbereich entfernt | | | |
| **3** Jacken aufgehängt | | | |
| **4** Taschen verstaut | | | |
| **5** Einkäufe versorgt | | | |
| **6** Altklamotten entsorgt | | | |
| **7** Alte Schuhe weggeschmissen | | | |
| **8** Altpapier und Altglas entsorgt | | | |
| **9** Putztag eingeführt | | | |
| **10** Mutter zu Besuch eingeladen | | | |

# Der ewige Einkaufszettel

Was brauche ich und vergesse es IMMER?
Einfach hier notieren, immer mal wieder ergänzen
und irgendwann Zettel rausreißen und einkaufen!

# KALENDER

Markiere Geburtstage und wichtige Jahrestage.
Notiere auf der Rückseite, um was es sich handelt.

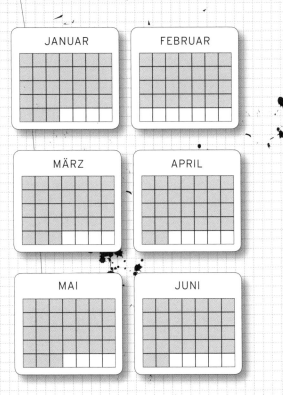

| Datum | Geburtstag/Jahrestag |
|-------|----------------------|
|       |                      |
|       |                      |
|       |                      |
|       |                      |
|       |                      |
|       |                      |
|       |                      |
|       |                      |
|       |                      |
|       |                      |
|       |                      |
|       |                      |
|       |                      |
|       |                      |
|       |                      |
|       |                      |

# KALENDER

Markiere Geburtstage und wichtige Jahrestage.
Notiere auf der Rückseite, um was es sich handelt.

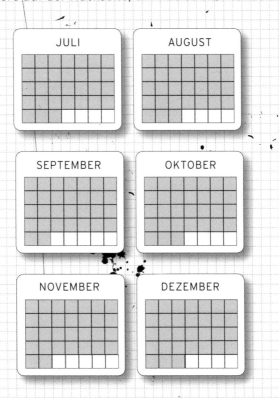

| Datum | Geburtstag/Jahrestag |
| --- | --- |
| | |
| | |
| | |
| | |
| | |
| | |
| | |
| | |
| | |
| | |
| | |
| | |
| | |
| | |
| | |
| | |
| | |

Wen möchte ich heute am liebsten
auf den Mond schießen?

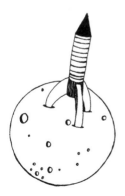

# TSCHÜSS, TERMIN-CHAOS!

**1** Immer einen Kalender, Notizblock oder dein Kritzelblöckchen dabeihaben und anfallende Termine sofort notieren.

**2** Termine nie sofort zusagen, sondern sich einen Moment Zeit nehmen und überlegen, ob du wirklich in Ruhe an diesem Meeting/Treffen teilnehmen kannst.

**3** Vorbereitungszeit einplanen: Blocke für wichtige Termine Zeit im Kalender, damit du dich entsprechend darauf vorbereiten kannst. Gleiches gilt für Abgabetermine!

**4** To-do-Listen erstellen. Termine nach Dringlichkeit sortieren und kontinuierlich abarbeiten. Hilft vor allem, wenn die innere Faulheit mal wieder gegen einen arbeitet.

**5** Sozialausgleich: Private Termine und regelmäßige Familienzeiten im Kalender festhalten und wie alle anderen wichtigen Termine behandeln.

## DU! BIST! GUT!

Du hast dir feste Plätze für Dinge überlegt, die
IMMER weg sind. Hier notierst du dir die Plätze,
falls du sie vergessen haben solltest und wieder
suchst ...

| | |
|---|---|
| **Autoschlüssel** | |
| **Hausschlüssel** | |
| **Fernbedienung** | |
| **Handyladekabel** | |
| **Geldbeutel** | |
| **Korkenzieher** | |
| **Ersatzschlüssel** | |
| **Kopf** | |
| | |
| | |
| | |
| | |
| | |

## Alles doof heute? Anstrengender Tag?
## Das gönn ich mir, wenn er vorbei ist:

### Meine Liste

# Zwischen Genie und Wahnsinn – Chaoten der Weltgeschichte

1. Wer stellte sich folgende Frage:
„Wenn ein unordentlicher Schreibtisch einen unordentlichen Geist repräsentiert, was sagt dann ein leerer Schreibtisch über den Menschen, der ihn benutzt, aus?"

2. Welcher Hollywoodstar wird von seiner Frau als chaotischer Vater bezeichnet, der aber trotzdem alles im Griff hat?

3. Das Wesen und der Lebensstil dieses musikalischen Wunderkindes galten als ausgesprochen chaotisch und rastlos. Wer ist gemeint?

4. Der gesuchte Mann war gleichzeitig Begründer der Psychoanalyse und bekennender Kreativchaot. Und Österreicher.

5. Über diese gefallene Popprinzessin urteilte der *Stern* einst: „Versunken im geistigen Chaos."

**Lösungen**

1. Albert Einstein
2. Brad Pitt
3. Wolfgang Amadeus Mozart
4. Sigmund Freud
5. Britney Spears

# HALTE DAS CHAOS IN SCHACH
# UND MAURE ES EIN!

# GEBURTSTAG ODER WEIHNACHTEN

Notiere, was du wem schenken könntest, und das Chaos kurz vor der Feier bleibt aus!

| Name | Geschenkidee |
|------|--------------|
|      |              |
|      |              |
|      |              |
|      |              |
|      |              |
|      |              |
|      |              |
|      |              |
|      |              |
|      |              |
|      |              |
|      |              |

Einkaufen mal wieder vergessen? Die Zeit ist knapp, der Hunger groß?

# Blitzrezept „Pfannkuchen"

250 g Mehl
3 Eier
350 ml Milch
150 ml Mineralwasser
1 Prise Salz

Alle Zutaten miteinander vermengen und 3 Minuten rühren. Dann den fertigen Teig eine halbe Stunde ruhen lassen.
Mit Öl in der Pfanne ausbacken. Mit beliebigen Beilagen oder einfach nur mit Zimt und Zucker servieren.

# WENN ORDNUNGSFANATIKER MAL WIEDER NERVEN – DIE BESTEN KONTER:

Ordnung ist ein Zeichen von Schwäche.
Wir Genies überblicken das Chaos.

Ordnung ist das halbe Leben! Ich ordne nicht und lebe ganz.

Mein Chaos ist eine Ordnung,
die du einfach nicht verstehst.

Wer Ordnung hält, ist nur zu faul zum Suchen.

Operative Hektik ist nur der Versuch, geistige
Leere auszugleichen. Das habe ich nicht nötig.

MERCEDES – **M**eines **E**rachtens **r**ichtiges
**C**haos, **e**rreicht **d**urch **e**igene **S**chuld.

Wo ich bin, herrscht Chaos. Aber ich kann nicht überall sein.

# Einfach mal entspannen

Male die Spirale weiter über das ganze Blatt und verziere die Zwischenräume mit allem, was dir gerade einfällt. Danach ist der Kopf ganz sicher wieder frei!

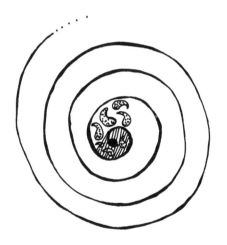

# Das CHAOS einfach wegatmen!
## Kurze ENTSPANNUNGSPAUSEN stoppen das GEDANKENKARUSSELL. Sofort!

**1.** Den Stress einfach ausatmen: Setze dich entspannt auf einen Stuhl und schließe die Augen. Konzentriere dich auf deinen Atem und versuche außerdem, möglichst langsam und bewusst ein- und auszuatmen. Beim Einatmen sage dir gedanklich folgenden Satz: „Ich atme Gelassenheit ein." Beim Ausatmen formulierst du im Kopf den Satz/die Parole: „Ich atme Stress aus."

**2.** Gedanklicher Rückzug: Wenn wieder alles drunter und drüber geht, nimm dir eine kurze Auszeit. Schließe die Augen und nimm ein paar ruhige lange Atemzüge. Stelle dir nun einen ruhigen Ort vor, an dem du dich wohlfühlst und der mit positiven Erinnerungen besetzt ist. Wandere gedanklich dort umher, nimm die Atmosphäre wahr, die Geräusche und Gerüche. Und schlaf nicht ein!

# Chaotische Weisheiten

„Ordnung ist etwas Natürliches. Das Nützliche ist das Chaos."

Arthur Schnitzler

„Aus aller Ordnung entsteht zuletzt Pedanterie!"

Johann Wolfgang von Goethe

„Auch ein perfektes Chaos ist etwas Vollkommenes."

Jean Genet

„Auch das Chaos gruppiert sich um einen festen Punkt, sonst wäre es nicht einmal als Chaos da."

Arthur Schnitzler

„Athen ist an einem Satze zugrunde gegangen: Ordnung muss sein!"

Prof. Karl Joachim Marquardt

# To-do-Liste

# To-do-Liste